OBSERVE LES ANIMAUX DE LA BANQUISE

ÉDITIONS DE VECCHI

LA BANQUISE

C'est l'habitat des régions les plus extrêmes de notre globe : l'Arctique, autour du pôle Nord, constitué d'eau sous forme de glace, en plus des terres les plus septentrionales d'Europe, d'Asie et d'Amérique du Nord : l'Antarctique, un continent qui porte des montagnes allant jusqu'à 5000 mètres de haut, avec en son milieu le pôle Sud.

ÉLÉPHANT DE MER

L'éléphant de mer est un très gros mammifère, mais son nom ne vient pas seulement de sa taille, mais aussi de sa courte trompe. Cet animal est aussi appelé « roi de la plage », car durant le printemps antarctique, il vit au milieu d'un harem qui comprend un minimum de 10 femelles, mais qui peut aller jusqu'à 50, voire 100 sujets féminins. Il peut plonger à 100 mètres de profondeur, où il trouve des raies, des seiches et de petits crustacés dont il se nourrit.

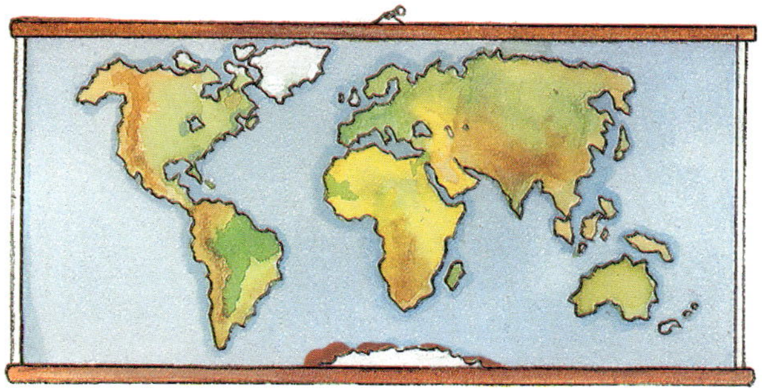

HABITAT : en général, il vit dans les eaux subantarctiques et durant la période de reproduction, il se déplace vers le nord.

RÉGIME : il se nourrit de préférence de seiches, de raies et de petits crustacés.

SA TROMPE...

..., durant la période des amours, se gonfle sous l'action des muscles et de la pression du sang, faisant fonction de caisse de résonance à ses cris puissants.

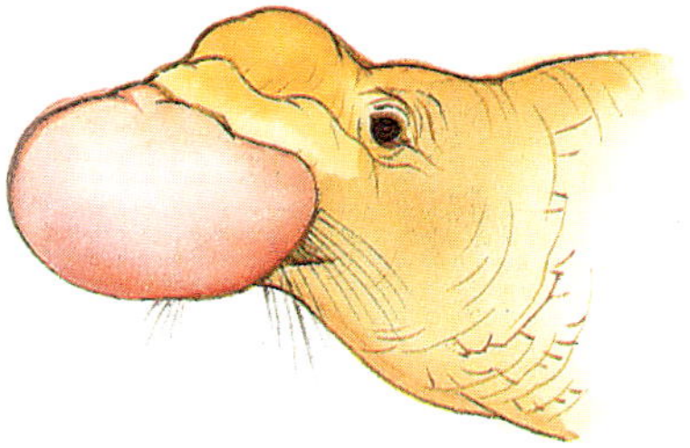

IL MESURE ET PÈSE...

TAILLE : environ 5 m.

POIDS : jusqu'à 4 t.

SAIS-TU QUE...

... il arque son dos en forme de « U » pour menacer les autres mâles et s'assurer ainsi la domination sur les femelles.

À CÔTÉ DE TOI, IL EST GRAND COMME ÇA

PHOQUE

Le phoque est l'un des mammifères qui s'est adapté le mieux à la vie aquatique et grâce à sa forme allongée, il nage avec agilité ; sur la terre ferme cependant, il n'est pas aussi rapide. Ses membres postérieurs se sont transformés en une queue, qui l'oblige à se déplacer de façon plutôt comique. Le phoque est recouvert d'une épaisse couche de graisse qui le protège du froid des pôles. Sa vue et son ouïe sont très développées. Le phoque est un animal très intelligent et il a un caractère vif et joyeux.

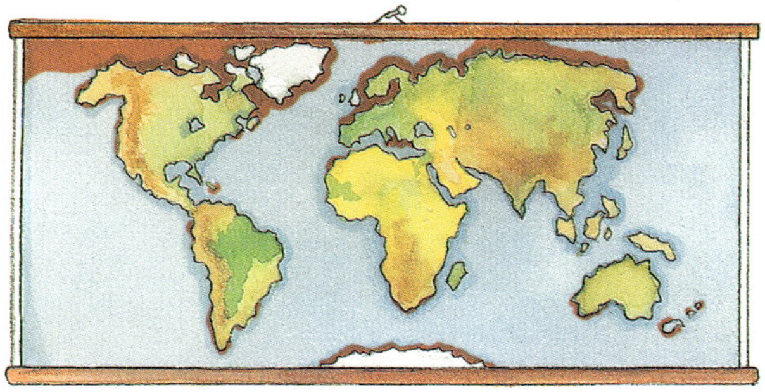

HABITAT : il vit surtout le long des côtes de l'Arctique et de l'Antarctique et sur les banquises.

RÉGIME : il se nourrit principalement de calamars, de poissons, de mollusques et de crustacés.

SES PETITS...

... ont peur de l'eau et la mère, pour leur apprendre à nager, doit les mettre à l'eau.

SAIS-TU QUE...

... certaines espèces de phoques de l'Antarctique passent l'hiver dans la mer, sous la glace, en respirant par des trous faits dans la glace.

IL MESURE ET PÈSE...

TAILLE : de 2 à 4 m.

POIDS : environ 80 kg.

À CÔTÉ DE TOI, IL EST GRAND COMME ÇA

ORQUE

L'orque est un mammifère de grande taille ; sa peau est lisse et noire, avec des taches de blanc sur le museau et sur le ventre. L'orque est un excellent nageur et peut atteindre une vitesse de 38 km/h. C'est un animal très agressif qui, pour se nourrir, attaque les dauphins, les manchots, les phoques et même des baleines plus grosses que lui ; il vit en groupes composés de 2 à 100 individus collaborant entre eux pendant la chasse. Autrefois, on croyait qu'il attaquait l'homme en renversant les bateaux avec sa queue, mais si on ne le provoque pas, il n'est pas dangereux.

HABITAT : on peut le rencontrer dans toutes les mers du monde, surtout dans l'océan Arctique et dans l'Antarctique.

RÉGIME : il se nourrit de poissons, de pingouins, dauphins, phoques, morses et, quelquefois, de baleines.

L'ÉPINE...

... dorsale, chez les mâles, peut atteindre 2 mètres de haut.

IL MESURE ET PÈSE...

TAILLE : jusqu'à 8 m.

POIDS : environ 5 t.

SAIS-TU QUE...

..., grâce à des ondes sonores, il est capable d'évaluer les distances et la taille des autres poissons.

À CÔTÉ DE TOI, IL EST GRAND COMME ÇA

OURS POLAIRE

L'ours polaire est le plus gros et le plus fort prédateur arctique. Sa fourrure blanc crème lui permet de se déplacer « incognito » lorsqu'il va à la chasse au renne, au phoque et aux poissons ; il se nourrit aussi d'algues, d'œufs et de déchets provenant des baleinières, mais également des carcasses de ses semblables. Malgré sa taille imposante, il est très agile et peut atteindre une vitesse de 40 km/h sur la terre et de 10 km/h dans l'eau. C'est un animal solitaire et ce n'est que pendant la brève période des amours que les mâles se battent entre eux pour conquérir une femelle.

HABITAT : on peut le trouver principalement dans l'Arctique et dans toutes les régions où les eaux gèlent en hiver.

RÉGIME : il se nourrit de rennes, de poissons et surtout de phoques.

SES PETITS...

... sont aveugles et pratiquement sans poils à la naissance. Ils passent les trois premiers mois de leur vie dans leur tanière.

IL MESURE ET PÈSE...

TAILLE : environ 2 m.

POIDS : environ 450 kg.

SAIS-TU QUE...

... l'ours polaire est si fort qu'il peut attraper et soulever un phoque de 90 kilos hors des glaces.

À CÔTÉ DE TOI, IL EST GRAND COMME ÇA

MANCHOT

Le manchot est l'oiseau marin le mieux adapté à la vie dans l'eau. En effet, ses ailes se sont transformées en nageoires. Les manchots vivent en colonies, pour se protéger des ennemis. Le manchot communique à haute voix pour répartir les tâches entre les membres du groupe : certains couvent les œufs, d'autres surveillent les petits et d'autres encore se promènent sur la glace. La robe du manchot, noire sur le dos et blanche sur la poitrine, l'aide à passer inaperçu sous l'eau. Une épaisse couche de graisse sous-cutanée le protège du froid et lui permet de couver ses œufs. Il se nourrit de crustacés et de petits poissons qu'il pêche en plongeant et en nageant habilement sous l'eau.

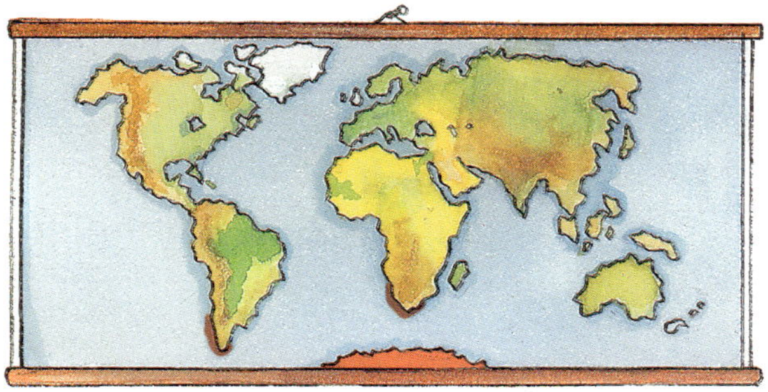

HABITAT : on peut le trouver sur les côtes de l'Antarctique et aussi dans les océans Indien, Pacifique et Atlantique.

RÉGIME : il se nourrit volontiers de petits poissons, mollusques et crustacés.

LES ŒUFS...

... sont couvés par les mâles, qui les tiennent entre leurs deux pattes.

IL MESURE ET PÈSE...

TAILLE : de 40 à 110 cm.

POIDS : de 15 à 30 kg.

SAIS-TU QUE...

... pendant les tempêtes, les manchots se rassemblent en cercle compact pour s'abriter du vent et, régulièrement, les rangées les plus intérieures du cercle cèdent leur place à celles du bord du cercle. En échangeant ainsi leurs places, les manchots se retrouvent au chaud chacun leur tour.

À CÔTÉ DE TOI, IL EST GRAND COMME ÇA

RENNE

Le renne est un mammifère très robuste, de couleur marron clair, qui vit en troupeau et mange surtout des herbes et des bourgeons, mais doit, durant la longue nuit polaire, se contenter de mousses, de lichens et d'écorces d'arbres. Deux fois par an, les rennes parcourent plus de 1000 kilomètres des pâturages d'été à ceux d'hiver. Leur traversée est troublée par les attaques de nombreux prédateurs (loups, ours, lynx...) et leur seule arme de défense est la fuite. Des luttes féroces se déclenchent entre les mâles qui combattent à coups de sabots et de cornes durant plusieurs jours, jusqu'à ce que les plus faibles décident d'abandonner et s'enfuient.

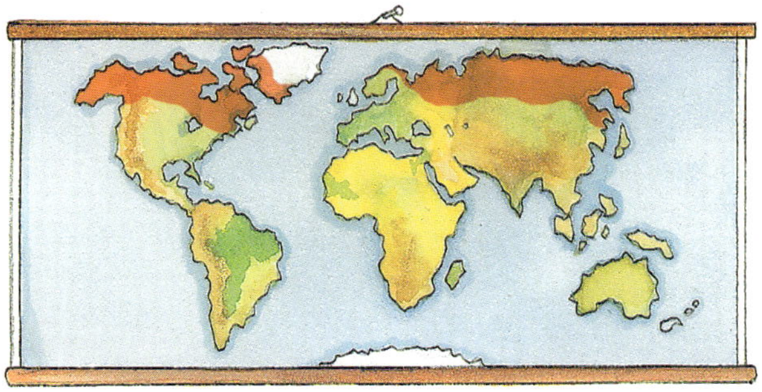

HABITAT : on peut le trouver en Asie, en Europe et en Amérique, surtout dans les régions septentrionales.

RÉGIME : il mange volontiers des herbes aromatiques, des lichens et de tendres bourgeons.

SES SABOTS...

... sont larges, de façon à pouvoir marcher sur la neige sans s'enfoncer et le renne les utilise pour creuser la neige et trouver sa nourriture.

IL MESURE ET PÈSE...

TAILLE : jusqu'à 2 m.

POIDS : de 90 à 270 kg.

SAIS-TU QUE...

... en hiver, les cornes tombent et au printemps, elles portent une ramification de plus.

À CÔTÉ DE TOI, IL EST GRAND COMME ÇA

MORSE

Le morse est un mammifère très agile dans l'eau, mais pataud sur la terre ferme. La femelle et les jeunes individus ont une fourrure à l'aspect velouté, tandis que la peau du mâle est ratatinée et épaisse de 5 centimètres environ. Si le morse reste exposé au soleil trop longtemps, sa peau devient d'un rose intense à cause des vaisseaux capillaires qui se dilatent pour évacuer la chaleur. Le morse mange en général des mollusques qu'il trouve en fouillant la boue avec son museau.

HABITAT : on peut le trouver dans les régions de la calotte polaire de l'Amérique septentrionale, de l'Europe et de l'Asie.

RÉGIME : il se nourrit de crustacés, de mollusques et de petits animaux qu'il trouve sur les fonds marins.

SES DÉFENSES...

... qui peuvent mesurer jusqu'à 1 mètre, lui servent à se déplacer sur la glace, mais sont aussi une arme de défense...

SAIS-TU QUE...

... les femelles vivent en groupes séparés des mâles et sont toujours suivies par les petits.

IL MESURE ET PÈSE...

TAILLE : de 3 à 4 m.

POIDS : environ 1,5 t.

À CÔTÉ DE TOI, IL EST GRAND COMME ÇA

BŒUF MUSQUÉ

MAMMIFÈRE • HERBIVORE

Le bœuf musqué est un animal très puissant qui ne se laisse pas intimider par les autres. Il se nourrit d'herbes et d'arbustes. Son poil fourni le protège du froid, même s'il risque de geler pendant l'hiver. Il vit au Canada, en Alaska et même au Groenland.

LEMMING

MAMMIFÈRE • HERBIVORE

Le lemming possède une queue courte et de petites oreilles, cachées sous le poil ; il se nourrit de mousses, d'herbes et de racines et il est la proie de nombreux carnivores. Pendant l'hiver, il creuse des galeries sous la neige pour se protéger du froid.

LION DE MER

MAMMIFÈRE • CARNIVORE

Le lion de mer tire son nom de la crinière fournie qui caractérise le mâle ; il est à l'aise sur la terre ferme aussi bien que dans l'eau où il aime se plonger pour capturer des poissons, des crustacés, des langoustes et des poulpes. On le trouve sur les côtes rocheuses et les îles de l'Amérique du Nord et de l'Australie.

RENARD POLAIRE

MAMMIFÈRE • CARNIVORE

Le renard polaire possède une fourrure très importante qui lui permet de résister au froid pendant l'hiver. Il creuse des tanières dans la neige pour s'abriter des tempêtes et c'est un chasseur redoutable de lemmings. Il habite la région arctique et la toundra nordique.

DANS LA MÊME COLLECTION

DÉSERT • FORÊT • MER

Achevé d'imprimer en octobre 2000
à Sant Adrià de Besòs (Barcelone), Espagne,
Dépôt légal : octobre 2000
Numéro d'éditeur : 6594

Projet et réalisation : L.I.BER. progetti editoriali - Gênes
Projet graphique : Donatella Bergamino
Textes : Sonia Bartoli, Aurelia Altieri
Illustrations : Gaia Masoni, Renzo Barsotti, Maria Mantovani
Couverture : Renzo Barsotti, Maria Mantovani
Traduction : Nathalie Rossi